ORTS-PLAN
für
Berchtesgaden
und Umgebung.
1910
Maßstab.
Bemerkung: Im Interesse der Deutlichkeit wurden in der Planzeichnung einzelne Dimensionen (z. B. bei Häusern u. Wegen) etwas vergrößert.
Pfannhausmaier (V. Rosenhof)
Schwarnlehen
Perllehen
V. Lockstein
Distr. Krankenhaus
Naglerlehen
V. Marienblick
Hilgerlehen
Ober-
Unt.-Schnabel
Kropfleiten
682 m Restauration
Lockstein
V. Mathild. R.
Sonnblickhsl.
V. Eckschlager
V. Pfauenhs.
Gernbach
V. Werle
Schleifer
Flußbad
Grabenschmied
Rad
V. Scheifler
Tischlerei
V. Aldefeld
Salzbg. Hof
V. Bellevue
Salzburger Strasse
Lockstein-Strasse
zu Adelsheim
Adelsheim
V. Notz
V. Max
V. Pfnür
V. Konrad
Riemer
Wachterpoint
Pfisterleitenweg
Pfisterleite
V. Alpenruhe
Anzenbach Brücke
Malerhügel
Ehesten
nach Salzburg
Graf Wika
Hofbräuhaus
Anzenbach
Ache
Gollenbach-Brücke
Rest. Salzberg
Hst. Breitwiesen Brücke
Hammergut
Hst. Bergwerk
Bergwerks-Allee
Bergwerks-Strasse
Breitwiesen
nach Vordereck
V. Edelweiss
V. Jmmergrün
Kranzbichel
Rest. Cafe Waldluft
Photograph
Bergwerk
Ferdinand-Stollen
531 m
Hechler
Soolleitungs-weg
V. Ney
Zeichen-Erklärung:
Öffentliches Gebäude.
Kirche.
Kapelle.
Wohnhaus.
Feldkreuz.
Größeres Nebengebäude.
Größere Waldungen.
Öffentliche Gebäude:
I. Kgl. Schloss 6.D
II. " Villa 4.D
III. Stiftskirche 7.D
IV. Pfarrkirche 7.D
V. Franzisk. Kirche 5.D
VI. K. Bezirksamt 6.C
VII. K. Amtsgericht 5.E
VIII. K. Rentamt 9.C
IX. K. Forstamt 5.C
X. Bergwerk 11.E
XI. K. Saline 4.E
XII. Rathhaus 7.C
XIII. Pfarrhof 7.C
XIV. Distrikts-Krankenh. 9.C
XV. Schnitzerei-Schule 6.E
XVI. Schlachthaus 5.E
XVII. Post- u. Telegr.-Amt 3.E
XVIII. Protest. Kirche 4.D
bayer. Hoflieferanten, Berchtesgaden.

Historische Ansichtskarten aus Berchtesgaden

Band 1

 • Herausgeber: Verlag Anton Plenk
83471 Berchtesgaden • Koch-Sternfeld-Straße 5
Telefon 08652/ 4474 • Telefax 08652/ 66277
E-Mail: plenk-verlag@t-online.de
www.plenk-verlag.com

Bilder aus dem Archiv von Josef und Max Schmid (†)
und der Postkartensammlung von Anton Resch

Der Verlag dankt Herrn Anton Resch, Herrn Bartl Ponn,
Herrn Marktarchivar Konrad Knoglinger und
Herrn Hans Brein für die Zusammenstellung der Bildtexte.

Lithos, Gestaltung und Druckvorstufe:
Valentina Kraus-Plenk und Anton Quirin Plenk
Lektorat: Stefanie Zweckl

Druck: Druckerei A. Plenk, Berchtesgaden

ISBN 978-3-940141-81-1

Bibliografische Information der Deutschen Bibliothek:
Die Deutsche Bibliothek verzeichnet diese Publikation
in der Deutschen Nationalbibliografie; detaillierte
bibliografische Daten sind im Internet über
http://dnb.ddb.de abrufbar.

Liebe Leserinnen, liebe Leser,

vor etwa 14 Jahren begann ich mit dem Sammeln alter, historischer Ansichtskarten aus meiner Heimatgemeinde Ramsau. Karten, die um die Jahrhundertwende entstanden sind - sogenannte Künstlerlithografien - sowie Ansichten alter Gasthöfe und Häuser, beeindruckten mich ganz besonders.

Im Laufe der Jahre erweiterte ich meine Sammlung auch auf Berchtesgaden und die umliegenden Gemeinden. Natürlich haben sich in der langen Zeit einige Tausend Karten angesammelt.

Zusammen mit dem Verlag Anton Plenk aus Berchtesgaden entstand die Idee, einen ausgewählten Teil der Sammlung in zwei Bildbänden zu gestalten, zumal der Verlag zeitgleich wertvolle, historische Aufnahmen auf Glasplatten von den bekannten Fotografen Josef und Max Schmid aus Berchtesgaden bekam.

Vielleicht entdecken Sie auf der einen oder anderen Seite interessante Ansichten aus Ihrer nächsten Umgebung.

Ich wünsche Ihnen viel Spaß bei der Durchsicht des Buches.

Ihr Anton Resch
Ramsau, im Oktober 2007

Der Verlag möchte mit den beiden Ansichtskartenbildbänden dem Vergessen vorbeugen und alle Älteren dazu auffordern, unserer Jugend in einer stillen Stunde die eine oder andere Situation auf den Karten zu erklären und ihnen die Schönheit der Gegend nahezubringen.

Verlag Anton Plenk
Berchtesgaden, im Oktober 2007

Von der Postkarte zur Ansichtskarte

Schriftliche Nachrichten wurden bis in die neuere Vergangenheit üblicherweise als verschlossener Brief versendet. Die erste Postkarte kam 1861 aus Philadelphia; 1865 wurde in Karlsruhe vorgeschlagen, ein Postblatt ohne Wertstempeleindruck zuzulassen. Der Vorschlag wurde als unmoralisch gewertet und abgelehnt, da jeder die Nachricht lesen konnte. 1869 erschien bei der Österreichischen Post eine Correspondenzkarte mit eingedruckter Briefmarke. Die Karte kostete nur 2 Kreuzer, dagegen ein Brief 5 Kreuzer. Im Deutsch-Französischen Krieg 1870/71 erlangten solche Karten große Bedeutung. Sie zeigten Szenen und Landschaften und können als Vorläufer der Ansichtskarten angesehen werden. In vielen Ländern wurde die Postkarte eingeführt. 1872 gab es im Deutschen Reich Correspondenzkarten mit bezahlter Antwort; 1873 wurden Postkarten, wie sie nun genannt wurden, mit eingedruckten Postwertzeichen im Königreich Bayern und im Deutschen Reich von der Post verkauft.

Zur Jahrhundertwende setzte sich die Ansichtskarte durch, da sie preiswert war und die Bilder das Schreiben oft ersparten. Sie wurden vorwiegend von Berliner, Leipziger und Hannoverschen Verlagen hergestellt. 1899 wurden in Deutschland 88 Millionen Postkarten produziert, 1905 versandte die Post eine halbe Milliarde Kartensendungen.

Ab 1905 durfte die Adressenseite der Postkarte in Deutschland geteilt werden, wobei die linke Seite für Mitteilungen zur Verfügung stand. Bis dahin mussten die Mitteilungen ausschließlich im Bildteil der Karte erfolgen, weil die Rückseite nur für die Adresse verwendet werden durfte.

Es gab Topografie-Karten mit Abbildungen von Landschaften, Motivkarten mit den Motiven wie Tiere, Technik, Kunst usw., Grußkarten mit Grüßen zu Anlässen wie Geburtstag, Hochzeit, Weihnachten und vielem mehr.

Die Drucktechniken waren folgende:
Von 1892 bis um 1920 wurde für schwarz-weiße Fotokarten der Bromsilberdruck verwendet. Heutige Fotokarten werden im Offsetdruck hergestellt. Ab etwa 1960 gab es Farbfotokarten. Früher, als es noch keine richtige Farbfotografie gab, wurden Karten oft mit Schablonen nachkoloriert.
Lithografien sind unter Sammlern sehr beliebt. Es ist dies eine alte, aufwändige Drucktechnik, die nur in kleinen Auflagen hergestellt werden konnte. Sie wurden hauptsächlich von ca. 1895 bis ca. 1920 gedruckt, sind entweder mehrfarbig (Chromolithografie) oder einfarbig. Bei mehrfarbigen Lithografien werden verschiedene Farbschichten übereinander gedruckt. Insbesondere Karten dieser Zeit sind häufig mit Schnörkeln, Blumen oder Blättern verziert. Bevor es mit den Ansichtskarten in großen Stückzahlen losging, gab es die Vorläuferkarten. Sie sind oft auf einem bräunlichen oder gelblichen Karton gedruckt. Vorläufer waren die ersten Ansichtskarten. Vorläufer sind in aller Regel auch Lithografien, die aber einfarbig bedruckt sind. Weitere alte Drucktechniken für Ansichtskarten waren die Heliogravüre (Heliocolorkarten) und die Autotypie. Man unterscheidet noch zwischen Ein-, Zwei- oder Mehrbildkarten, diese wurden als Potpourrikarten bezeichnet. Spezielle Arten der Ansichtskarten sind Couleur- oder Mondscheinkarten.

Schellenberg

Prägekarte aus dem
Jahre 1904 mit Wappen.
Aufnahme: Gebr. Metz, Tübingen.

Schellenberg.

„Mondscheinkarte“ aus dem Jahre 1900, Gruß aus Schellenberg mit dem Gasthof zur Forelle.
Aufnahme: Foto unbekannt.

Schellenberg im Jahr 1906.
Aufnahme: Foto Würthle & Sohn, Salzburg.

Gesamtansicht von Schellenberg gegen den Untersberg 1928.
Aufnahme: Verlag Th. Eder, Schellenberg.

Der Schafferwirt in Schellenberg um 1915. Aufnahme: Fotohaus J. Schmid, Berchtesgaden.

Der Gasthof zum Untersberg um 1936. Aufnahme: Hans Pernats, München.

Trachtenprägekarte aus dem Jahre 190
„Gruß aus Schellenberg“.
Aufnahme:
A. Kranawetvogel, Schellenberg.

Linke Ansichtskarte: Straßenansicht von Schellenberg und Ortsansicht mit Bahngleis im Juli 1925. Aufnahme: Foto unbekannt.

Rechte Ansichtskarte: Schellenberg im August 1919. Aufnahme: Foto unbekannt.

Jugendstil-Karte um 1900.
Schellenberg mit Kirche.
Aufnahme:
J. Paintner.

Linke Ansichtskarte:
Der Schafferwirt um 1947 mit der
Kirche von Schellenberg.
Aufnahme:
Th. Eder, Schellenberg.

Rechte Ansichtskarte:
Gasthof zum Schafferwirt um 1920.
Aufnahme:
E. Kost, München.

Von oben nach unten:
Die Bahnstation von Schellenberg im Sommer 1919.
Aufnahme:
B. Lehrburger, Nürnberg.

Ansicht von Schellenberg um 1928 mit dem Hohen Göll im Hintergrund.
Aufnahme:
Th. Eder, Schellenberg.

Der Luftkurort um 1950.
Aufnahme:
Th. Eder, Schellenberg.

Haus Krennlehen im April 1941.
Aufnahme: H. Karsten, München.

Gasthaus zum Götschen im Jahre 1900. Aufnahme: Th. Kratzer, Hallein.

Schellenberg im Sommer 1919 beim Friedhof. Links ist das Krugermeierlehen zu sehen, rechts das Krennlehen. Aufnahme: Foto unbekannt.

Zill

Gesamtansicht von Zill mit dem Untersbergmassiv um das Jahr 1915.
Aufnahme:
Purger & Co, München.

Gruß aus Zill.
Künstler-Lithografie aus dem Jahr 1899.
Aufnahme:
Münchener Chromo
lith Kunstanstalt.

Gasthaus Zill im Jahre 1913.
Aufnahme: Foto unbekannt.

Linke Ansichtskarte:
Die Grenze von Dürrnberg-Zill 1902.
Aufnahme:
Verlag Otto, Mauthausen.

Darunter: Zill bei Schellenberg.
Aufnahme:
Artus, München.

Ettenberg

Grußkarte aus Ettenberg um das Jahr 1900.
Aufnahme: Verlag
J. B. Rottmayer, Berchtesgaden.

Gasthaus Mesnerwirt um 1929 in Ettenberg.
Aufnahme:
Hinter & Thraun, Salzburg.

Darunter:
Die Kirche in Ettenberg, 1929.
Aufnahme:
Verlag Karl Ermisch, Berchtesgaden.

Gasthof Almbachklamm, 1904.
Aufnahme: Luis Glasser, Leipzig.

Gruß aus der Almbachklamm um 1900. Aufnahme: Gebr. Metz, Tübingen.

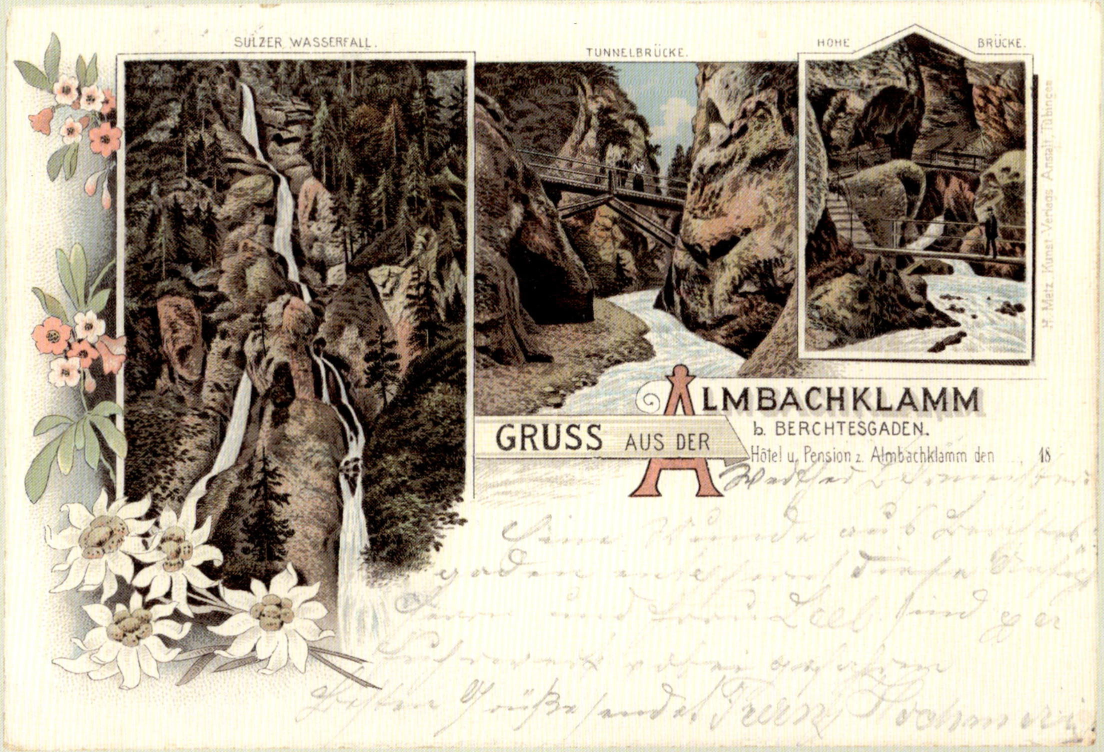

Die Sommerwirtschaft Kugelmühle im Jahre 1913.
Aufnahme: Ludwig Müller, München

An der Almbachklamm, Gasthaus Kugelmühle, 1927.
Aufnahme: M. Lochner, Berchtesgaden.

Au

Höhenluftkurort Oberau mit Watzmann. Hochkalter, Reiteralpe und Berchtesgaden im Winter.

Gasthof und Pension Au bei Berchte

Die Oberauer Kirche nach ihrer Fertigstellung und Einweihung 1912.

Große Ansichtskarte links:
Der Luftkurort Oberau mit dem Watzmann, Hochkalter und der Reiteralpe im Hintergrund. Winteraufnahme aus dem Jahre 1942.
Aufnahme:
M. Lochner, Berchtesgaden.

Fronleichnamsprozession um 1940 in der Oberau.
Aufnahme: Foto unbekannt.

Daneben Gasthof und Pension Au, 1932.
Aufnahme:
Hans Pernart.

Die Kirche in der Au, 1935, mit dem Untersberg im Hintergrund.
Aufnahme: Verlag Karl Ermisch, Berchtesgaden.

Die fünf Klassen am 23.10.1937 vor dem Schulhaus in der Au. Aufnahme: Foto unbekannt.

Gasthof zur Au 1903. Aufnahme: Foto unbekannt.

Straßenansicht um 1938 von der Oberau.
Aufnahme: M. Lochner, Berchtesgaden.

Haus Heiß, Denninglehen, um 1940.
Aufnahme: M. Lochner, Berchtesgaden.

Links:
Haus Helmlehen in der Au 1937. Das Lehen erhielt 1945 bei der Bombardierung einen Volltreffer.
Aufnahme: H. Karsten, München.

Rechts:
Pension zur Post in der Oberau 1955.
Aufnahme:
E. Steger, Berchtesgaden.

Pension Dora, vormals Hagerhäusl, um 1950. Die damaligen Besitzer: Anton und Dora Hasholzner.
Aufnahme: M. Lochner, Berchtesgaden.

Gasthaus Dora im Winter mit Skifahrern.
Aufnahme: Foto unbekannt.

Das Berggasthaus Heißbäck um 1950. Aufnahme: O. Beer, Berchtesgaden.

Gasthaus Neuhäusl in der Au im Frühling 1931. Aufnahme: Fotohaus J. Schmid, Berchtesgaden.

Die Oberahornalm, 1605 m über dem Meer, mit dem Untersberg im Hintergrund. Aufnahme um 1935. Damalige Pächterin war A. Wendl. Aufnahme: Foto L. Ammon, Schönau.

Gasthaus Pechhäusl am „Rossfeld bei Hallein“ um 1930.
Aufnahme: Rudolf Sciborski, Salzburg.

Links: Der Oberahornkaser um 1925.
Aufnahme: Foto unbekannt.

Skifahren am Rossfeld um 1960.
Aufnahme: Foto L. Ammon, Schönau.

Maria Gern

Die Etzermühle aus dem 14. Jahrhundert an der Straße nach Maria Gern, 1909.
Sie wurde 1967 beim Straßenbau abgerissen.
Aufnahme:
Ottmar Zieher, München.

Landhaus Felseneck (Heißenmühle) um 1914.
Theres Grassl war die damalige Besitzerin.
Bis 1910 Mühle und Bäckerei, von 1913 bis 1969 „das Gerer Lebensmittelgeschäft“.
Aufnahme: Foto unbekannt.

Die Gerer Kirche mit Schifahrer um das Jahr 1920.
Aufnahme: Verlag Karl Ermisch, Berchtesgaden.

Kleine Ansichtskarten:
Gasthof und Pension Maria Gern um 1930.
Aufnahme: Ottmar Zieher, München.
Rechts: Gasthaus und Pension Kaiser Karl 1913, heute Haus Kufner.
Aufnahme: Foto unbekannt.

rchtesgaden
sgaden

Aus „Wintertage in München und im Bayerischen Hochland"
herausgegeben vom Fremdenverkehrsverein München

Haus Brunnerlehen in der Gern vor 1912. Aufnahme: Brunner.

Bachgütl 1917, im Hintergrund der Berchtesgadener Hochthron mit der Untersberg-Südwand. Aufnahme: Foto Purger & Co., München.

Das Landhaus Politzka (Bichlgütl) in der Hintergern um 1925. Aufnahme: Josef Fendt, Berchtesgaden.

Die Almwirtschaft Dürrlehen um 1950. Pächter J. und J. Grassl. Aufnahme: O. Beer, Bad Reichenhall.

Linke Seite von oben:
Das Ascherlehen um 1910 im Winter.
Aufnahme: Foto unbekannt.

Die Ascher Nanni um 1920 mit Ochsenkarren.
Aufnahme: Foto unbekannt.

Gruß von der Kneifelspitze um 1930 mit dem „Kneifel Lenei“ und ihrem Muli.
Aufnahme: Fotohaus J. Schmid, Berchtesgaden.

Berchtesgaden

Braun-Lithografie von 1898. Aufnahme: Foto unbekannt.

Marterl in Berchtesgaden um 1900, Trachten-Prägedruck. Aufnahme: O. Blaschke, Prien a. Chiemsee.

Gruß aus Berchtesgaden 1907. Aufnahme: Otto Menning, Greiz.

Relief-Karte 1902. Aufnahme: Lautz und Isenbeck, Darmstadt.

Prosit Neujahr! Prägedruck mit Nachtwächter aus dem Jahr 1901. Aufnahme: Foto unbekannt.

Gruß aus Berchtesgaden als Achteck-Karte um 1925. Aufnahme: Foto unbekannt.

Blick nach Berchtesgaden mit dem Nonntal im Sommer 1902. Prägekarte mit Wappen. Aufnahme: Josef Paintner, München.

Berchtesgaden.

Im äußersten Südostwinkel Bayerns erhebt sich dicht um den Königsee herum
ein mächtiger Hochgebirgskranz. Er umschließt das sogenannte Berchtesgadener
Landl. Der Hauptort dieses reizenden Fleckchens Erde mit den gewaltigen Fels-
riesen, dunklen Forsten und lieblichen Thälern ist Berchtesgaden, ein freundlicher
Marktflecken mit ungefähr 2400 Einwohnern. Am Hange einer Vorstufe des
Kälbersteins zieht es sich langgestreckt hin, und die zierlichen Häuser bilden
eigentlich nur eine einzige geschlossene Straße. Die Schneehäupter des trotzigen
Watzmanns steigen im Hintergrunde empor. Berchtesgaden, welches im Sommer
das Reiseziel vieler Tausende von Fremden ist, hat zwei große, schöne Kirchen,
die Andreaskirche und die alte Stiftskirche. Neben der letzteren ist die ehemalige
Residenz der Pröpste, jetzt ein königliches Schloß. Von besonderer Wichtigkeit ist
das Salzbergwerk, das an Knappen und anderen Arbeitern in den Sudhäusern
und Salinen viele Menschen beschäftigt und eine reiche Ausbeute gewährt. Auch
die Holzschnitzerei Berchtesgadens ist weitberühmt.

GESETZLICH GESCHÜTZTE FABRIKSMARKE.

ANDRE HOFER

KAIS. u. KÖNIGL. HOFLIEFERANT.
GROSSHERZOGL. TOSCAN. HOFLIEFERANT

SALZBURG
UND FREILASSING.

Darf man fragen, verehrte Hausfrau, ob Sie
schon eine Probe mit Feigenkaffee von Andre Hofer an-
gestellt haben, oder ob Sie den vielen Anpreisungen aller
möglichen Kaffeesurrogate gegenüber skeptisch geworden
sind? — Die Eigenschaften des echten Feigenkaffee's von
Andre Hofer dürften dazu angethan sein, Ihr Vertrauen
wieder zu erwecken; prüfen Sie ihn vorurteilsfrei, und
Sie werden selbst bestätigen, daß er ein vorzügliches
Kaffee-Zusatz- und Verbesserungs-Mittel ist.
Verlangen Sie aber Packete mit nebenstehender
Schutzmarke.

Nota für

Reklamezettel der Feigenkaffee-Fabriken
Andre Hofer Salzburg & Freilassing von 1900.

Auch die Rückseite wurde bedruckt.

Berchtesgaden im Winter, etwa 1935. Aufnahme: Helff & Stein, Leipzig.

Berchtesgaden mit Watzmann. Blick von der Locksteinstraße im Jahre 1936. Aufnahme: Fotohaus J. Schmid, Berchtesgaden.

Das Nonntal 1908. Aufnahme: B. Lehrburger, Nürnberg.

Milch- und Kaffeegarten Sturm um 1920.
Aufnahme: Fotohaus J. Schmid, Berchtesgaden.

Blick durch das Nonntal, links Hotel Bellevue. Im Hintergrund der Watzmann.
Aufnahme: Fotohaus J. Schmid, Berchtesgaden, 1936.

Café Zemroser um 1910, später Bratwurstglöckl. Das Gebäude ist jetzt das Pfarrheim St. Andreas.
Aufnahme: Foto unbekannt.

Das Berchtesgadener Rathaus. Aufnahme: Fotohaus J. Schmid, Berchtesgaden.

Der Rathausplatz mit dem Brunnen und dem Mundkoc haus um 1925. Rech davon das Ledererhaus, heute Gloßne Aufnahme: Josef Fendt, Berchtesgaden.

Die ehemalige Schu am Rathaus um 193 Aufnahme: Foto unbekannt.

Die Restauration am Lockstein, 862 m, über Berchtesgaden um 1910. Aufnahme: Fernande, Berchtesgaden.

Daneben: Das Terrassen-Café am Lockstein. Aufnahme: Ottmar Zieher, München.

Der Durchgang beim Neuhausbogen. Er wurde 1955/56 vergrößert. Aufnahme: Fotohaus J. Schmid, Berchtesgaden.

Gasthof Neuhaus mit Marktplatz im Jahre 1913. Aufnahme: Kalophot, München.

Gasthof Neuhaus, 1926. Aufnahme: Purger & Co., München.

Vor dem Gasthof Neuhaus um 1940. Aufnahme: Foto unbekannt.

Blick auf den Marktplatz.
Aufnahme: Fotohaus J. Schmid, Berchtesgaden.

Oben, beide Ansichtskarten:
Der Marktbrunnen. Aufnahme:
Fotohaus J. Schmid, Berchtesgaden.

Von oben nach unten:
Der Marktplatz. Aufnahme:
Fotohaus J. Schmid, Berchtesgaden.

Der Marktplatz am Sonntag um 1910.
Aufnahme: Verlag Karl Ermisch,
Berchtesgaden.

Der Marktplatz um ca. 1938.
Aufnahme: Gebr. Metz, Tübingen.

Bilder rechte Seite, oben:
Am Marktplatz um 1938.
Aufnahme: Otto Böhm, Berchtesgaden.

Fronleichnamsprozession
am Marktplatz. Aufnahme: Fotohaus
J. Schmid, Berchtesgaden.

Am Triembachereck mit Hirschenhaus vor
dem Umbau in den 30er Jahren. Aufnahme:
Fotohaus J. Schmid, Berchtesgaden.

Berchtesgaden
Am Marktplatz

IIB 147

Linkes Bild: Durchgangsverkehr am Marktplatz um 1935; daneben: das Haimerlhaus mit der Maßschneiderei von W. u. M. Kurz.
Aufnahme: Fotohaus J. Schmid, Berchtesgaden.

Die Bierstube im
Gasthaus Goldener Bär um 1935.
Aufnahme:
Verlag Karl Ermisch,
Berchtesgaden.

Große Aufnahme Seite 42, unten:
Die Metzgerstraße mit der Schuhmacherei Koppenleitner, daneben die letzte alte Fleischbank in den Dreißigern.
Aufnahme: Foto unbekannt.

Das Weinhaus Hofschaffer, Innenansicht von 1921.
Aufnahme: Foto F. G. Zeitz, Königssee.

Ansichtskarte mit Berchtesgaden und dem
Weinhaus Hofschaffer im August 1942.
Aufnahme: Foto unbekannt.

Von oben: Hotel und Pension zur Post, ehemals Leuthaus, 1910. Aufnahme: Hofkunstanstalt Otto Henning Greiz.

Die Lesehalle mit der Franziskanerkirche im Dezember 1929. Erbaut 1906/7 von Architekt Franz Zell. Aufnahme: Foto F. G. Zeitz, Königssee.

Der Kursaal von Berchtesgaden 1940. Aufnahme: Ottmar Zieher, München.

Das Solekurbad, vormals Giselabad, um 1930. Aufnahme: Foto L. Ammon, Schönau.

Der Kurpark von Berchtesgaden um 1952. Aufnahme: Foto F. G. Zeitz, Königssee.

Die Maximilianstraße 3, Café Grassl, um 1910. Aufnahme: Foto Würthle & Sohn, Salzburg.

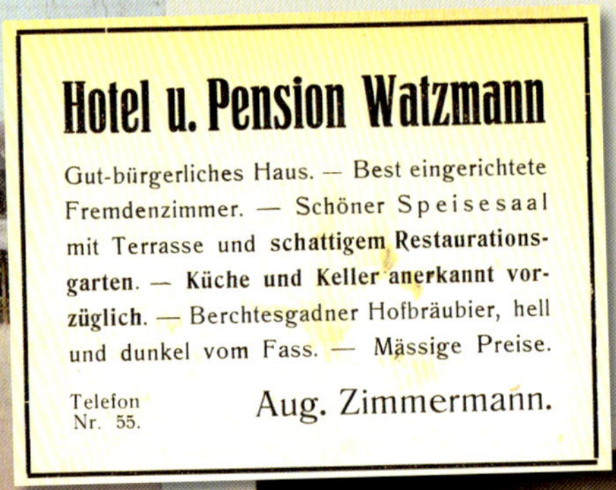

Hotel u. Pension Watzmann

Gut-bürgerliches Haus. — Best eingerichtete Fremdenzimmer. — Schöner Speisesaal mit Terrasse und **schattigem Restaurationsgarten. — Küche und Keller anerkannt vorzüglich.** — Berchtesgadner Hofbräubier, hell und dunkel vom Fass. — Mässige Preise.

Telefon Nr. 55. Aug. Zimmermann.

Das heutige Solekurbad, ehemals Giselabad in der Villa Kerschbaumer 1908. Aufnahme: Foto unbekannt.

Hotel und Pension Watzmann mit Dependance. Damaliger Inhaber Georg Ried. Aufnahme: C. Z. M.

Das Schrammelquartett vom Berchtesgadener Bauerntheater um 1950. Aufnahme: Foto Grainer, Berchtesgaden.

Das Berchtesgadener Bauerntheater um 1940 mit ihren Darstellern. Aufnahme: Gehr Garloff, Magdeburg.

Die Maximilianstraße um 1900.
Aufnahme: Foto Würthle & Sohn,
Salzburg.

Der Franziskanerplatz um 1907.
Aufnahme: Foto Würthle & Sohn,
Salzburg.

Der
Franziskanerplatz
1956 mit dem
Untersberg im
Hintergrund.
Aufnahme:
O. Beer,
Berchtesgaden.

Die Maximilianstraße um 1912.
Aufnahme: Deyhle, Stuttgart.

Am Franziskanerplatz 4, Haus Zimmermann.
Aufnahme: Fotohaus J. Schmid, Berchtesgaden.

Conditorei-Café Rottenhöfer
in Berchtesgaden im Sommer 1930.
Aufnahme: Hans Pernat, München.

Bilder linke Seite:
Haus Körber um 1930.
Aufnahme: Foto Stöckl, Hannover.

Die Villa Minerva in Berchtesgaden
um 1910. Sie wurde in den 70ern abgerissen
und ist heute Parkplatz beim Vier
Jahreszeiten. Aufnahme: Foto unbekannt.

Das Hotel Vier Jahreszeiten um 1928.
Aufnahme: Verlag Karl Ermisch,
Berchtesgaden.

Der „Galopp Schnitzer" Jakob Süß vor dem Waldsteinhäusl um 1905. Aufnahme: Fernande, Berchtesgaden.

Die Berchtesgadener Ringer um 1935 mit dem Europameister Paul Böhmer vorne in der Mitte. Aufnahme: Foto unbekannt.

Die Villa Grassl an der Maximilianstraße im Jahre 1915. Aufnahme: Stengel & Co., Dresden.

Die Terrasse des Café Grassl mit dem herrlichen Bergblick um 1935. Aufnahme: Fotohaus J. Schmid, Berchtesgaden.

Berchtesgaden, Wilhelmsbad
Maximilianstrasse vis-à-vis der Lesehalle

Elise Zechmeister
Zigarren-Spezial-Geschäft

Ansichts= und Künstlerkarten
:: :: :: in grosser Auswahl. :: :: ::

Baustelle am Berchtesgadener Hof um 1935. Aufnahme: Foto unbekannt.

Das Grand Hotel Kurhaus und Dependance. Die deutsche Kaiserin verbrachte 1899 hier den Sommer. Aufnahme: Foto Würthle & Sohn, Salzburg.

Bild unten: Das Kaiserin Auguste Viktoria Kurhaus, vormals Grand Hotel Berchtesgaden um 1912.
Aufnahme: Verlag Karl Ermisch, Berchtesgaden.

Das Grand Hotel um 1910
Aufnahme: Rottmayer Fernande, Berchtesgaden.

Das Familien-Hotel Prinzregent im Sommer 1918. Aufnahme: R. Kiesel, Salzburg.

Die Königliche Villa um 1930 mit der schönen Café-Terrasse. Aufnahme: Foto Grainer, Berchtesgaden.

Unten rechts: Blick vom Kur-Café der Königlichen Villa um 1920. Pächter war damals Anton Bubestinger. Aufnahme: Foto Grainer, Berchtesgaden.

Unten links: Die Terrasse des Grand Hotel um 1928. Aufnahme: Fotohaus J. Schmid, Berchtesgaden.

Linkes Bild:
Die Pfistermühle
1932.
Aufnahme: Foto
unbekannt.

Das Hofbräuhaus
um 1938.
Aufnahmen:
Foto Bayer.

Gruß aus dem
Bräustüberl im
Jahre 1902.
Aufnahme:
Dr. Trenkler,
Leipzig.

Der Innenhof vom Hofbräuhaus 1910.
Aufnahme: Franz Hayer, München.

Der Sternensaal des Bräustüberls im Hofbräuhaus um 1930.
Aufnahme: Foto unbekannt.

Die „Moni“ im Bräustüberl vom Hofbräuhaus im Sommer 1928. Aufnahme: Fotohaus J. Schmid, Berchtesgaden.

Die Bauernstube im Bräustüberl 1940. Aufnahme: Verlag Karl Ermisch, Berchtesgaden.

„Hindenburg der Russenschreck“ als Schneeskulptur im Bräustüberl 1915.
Aufnahme: Josef Maier, Berchtesgaden.

Blick auf Berchtesgaden vom Malerhügel um 1910. Aufnahme: Franz Hayer, München.

„Großdeutscher Tag“ auf der Breitwiesen während des Wahlkampfes für die Reichstagswahl am 31.7.1932. Zwischen den SA-Kolonnen beiderseits der Ache die ehemalige Hofbräuhausgärtnerei. Aufnahme: Foto unbekannt.

Hotel Bellevue in
Berchtesgaden Nonntal, 1910.
Aufnahme: Verlag Karl Ermisch,
Berchtesgaden.

Die Landsturmriege von Berchtesgaden
1915. Aufgenommen an der Breitwiese.
Aufnahme: Foto unbekannt.

Das Schloss Adelsheim 1923.
Aufnahme: Foto unbekannt.

Blick auf Finanzamt, Locksteinstraße und Koch-Sternfeld-Straße. Im Hintergrund der noch etwas verschneite Untersberg.
Aufnahme: Fotohaus J. Schmid, Berchtesgaden.

Die Locksteinstraße von Berchtesgaden aus der Vogelperspektive.
Aufnahme: Fotohaus J. Schmid, Berchtesgaden.

Das Berchtesgadener Krankenhaus 1906. Es wurde 1903 eröffnet.
Aufnahme: Rottmayer, Berchtesgaden.

Das Distriktkrankenhaus am Lockstein mit der Hilgerkapelle im Vordergrund 1905. Aufnahme: Foto unbekannt.

Das Haus am Rad in Berchtesgaden, 1941. Aufnahme: Verlag Karl Ermisch, Berchtesgaden.

Pension Meierei Rosenhof im Jahre 1932. Darüber die Villa Malzoff (russische Gesandtschaft). Aufnahme: Wochinger.

Gasthof und Metzgerei Königsallee 1927 mit dem Bahngleis.
Aufnahme: Fotohaus J. Schmid, Berchtesgaden.

Gasthaus Königsallee 1914.
Aufnahme: Otto Wernhard, Berchtesgaden.

Sehr seltene Künstler-Lithografie vom Gasthaus zum grünen Wald, Laroswacht, 1901.
Aufnahme: Heiner Glück, München.

Das Gasthaus Laroswacht um 1910.
Aufnahme: Foto unbekannt.

Gasthaus zur Gemse mit Watzmann im Hintergrund 1915.
Aufnahme: Fotohaus J. Schmid, Berchtesgaden.

Gasthaus zur Bayerischen Gemse mit Untersberg 1908.
Aufnahme: Foto unbekannt.

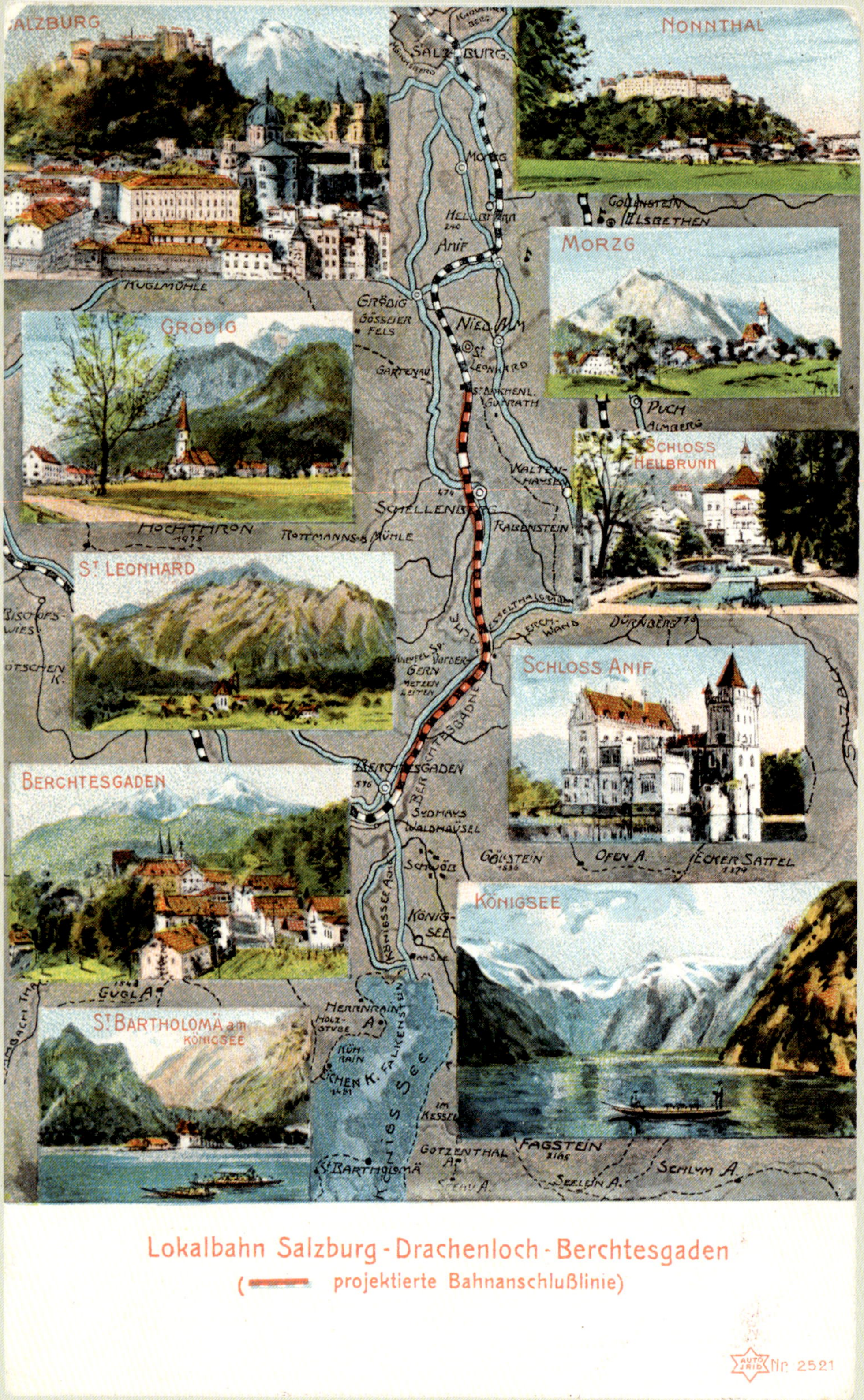

Die Lokalbahn Richtung Salzburg um 1910. Aufnahme: Verlag Frank, Graz.

Gruß aus dem Salzbergwerk von 1904. Fahrt über den Salzsee. Aufnahme: B. Lehrburger, Nürnberg.

Karte von der Pension Café Waldluft um 1915.
Damaliger Besitzer war G. Semmler. Aufnahme: Foto unbekannt.

Gruß aus dem Bergwerk Berchtesgaden 1910. Glück Auf!
Aufnahme: B. Lehrburger, Nürnberg.

Die Ringer von Berchtesgaden um 1935.
Aufnahme: Foto unbekannt.

Der Schäfflertanz 1935.
Aufnahme: Grüsser, Berchtesgaden.

Schäfflertanz 1935, Turnverein Berchtesgaden

Rechts: Weitblick auf den Hochkalter mit Berchtesgaden.
Die Breitwiese mit der Meierei vom Bräuhaus, heute Standort der Therme.
Aufnahme: Fotohaus J. Schmid, Berchtesgaden.

Großes Bild linke Seite: Blick vom Herzogberg. In der Mitte das Hatzlhaus, Hotel Bavaria, darunter die Votzenschmiede und Haus Langwieder. Am rechten Bildrand der Bayerische Hof und darüber das Hotel Krone. Aufnahme: Fotohaus J. Schmid, Berchtesgaden.

Fußballturnier am 16.6.1921 auf der Breitwiese in Berchtesgaden. Bad Reichenhall spielte gegen Berchtesgaden 4 : 1. Aufnahme: Foto unbekannt.

Winteraufnahme von Berchtesgaden.
Aufnahme: Fotohaus J. Schmid, Berchtesgaden.

Blick über Berchtesgaden und Gruß vom Kalten Keller um 1915. Aufnahme: Lorenz Fränzl, München.

Das Weihnachtsschießen in Berchtesgaden um 1916. Aufnahme: Eugen Richter, Berchtesgaden.

Die Schießstättbrücke.
Aufnahme: Fotohaus J. Schmid,
Berchtesgaden.

Das Heimatmuseum von Berchtesgaden
an der Schießstättbrücke um 1912,
heute Schnitzereimuseum.
Aufnahme: Franz Hayer, München.

An der Schießstättbrücke 1940,
Haus Herzogsrast; damals bewohnte
Josef Ponn das Haus.
Aufnahme: Foto F. G. Zeitz,
Königssee.

Hotel Pension Bavaria um 1918.
Aufnahme: Foto Adolf Hierzegger, Berchtesgaden.

Baustelle beim Hotel Bavaria um 1935, Privatfoto.

Die Bahnhofstraße nach den Bauarbeiten um 1935. Vorne Haus Stockklausner, links daneben Haus Folger und dahinter das ehemalige Hotel Krone. Privatfoto.

Loipler Buttnmandl im Markt im Sommer 1925, anlässlich des Ganghoferfestes. Aufnahme: Leonhard.

Umzug durch die Bahnhofstraße Richtung Bahnhof um 1935. Aufnahme: Fotohaus J. Schmid, Berchtesgaden.

Bild oben: Verbreiterung der Metzgerstraße und Abbruch der Fleischbänke, darunter Aufnahmen von der Bahnhofstraße in Berchtesgaden. Im mittleren Bild das Hotel Krone (später Stiftskeller), im unteren links Haus Tewes. Privatfotos.

Gruß aus Berchtesgaden mit dem Hotel-Restaurant Bahnhof um 1898. Aufnahme: Foto unbekannt.

Das Hotel Bahnhof 1910, im Besitz des Georg Grafl. Aufnahme: Foto unbekannt.

Der Bahnhof 1956.
Aufnahme:
Gebr. Metz, Tübingen.

Geparkte Postomnibusse 1940 am Triftplatz. Aufnahme: Fotohaus J. Schmid, Berchtesgaden.

Bild unten links:
Das Brucknhäusl am Bahnhof um 1940. Aufnahme: Rudolf Fuchs.

Unten rechts: Hotel Schwabenwirt am Bahnhof 1906. Aufnahme: Verlag Karl Ermisch, Berchtesgaden.

Blick auf das Bahnhofsareal.
Aufnahme: Fotohaus J. Schmid, Berchtesgaden.

Kleine Bilder links:
Gruß vom Bahnhof Berchtesgaden aus dem Jahre 1898.
Aufnahme: Foto unbekannt.

Der alte Bahnhof um 1935, Privatfoto.

Die Gmundbrücke um 1935, Privatfoto.

Von oben nach unten:
Die Saline am Bahnhof 1914.
Aufnahme: Martin Hillebrand,
Berchtesgaden.

Ausblick vom Café
Rottenhöfer auf den Bahnhof.
Aufnahme: Fotohaus J. Schmid,
Berchtesgaden.

Die letzte Belegschaft der Saline
Frauenreuth am Stolleneingang.
Die Saline wurde Ende
Mai 1928 aufgelöst. Aufnahme:
Fotohaus J. Schmid, Berchtesgaden.

Das Park Hotel 1928. Heute steht der Nywobau an dieser Stelle. Aufnahme: Foto unbekannt.

Der Prinzregent Luitpold v. Bayern 1903 auf der Fahrt von Berchtesgaden nach Vordereck. Aufnahme: C. Andeltinger & Co., München.

Das Haus Carell 1935 an der Königsseer Straße. Aufnahme: Foto F. G. Zeitz, Königssee.

„50 Jahre Liedertafel Berchtesgaden“,
Jubiläumskarte vom Juni 1900.
Aufnahme: Verlag L. Vonderthann & Sohn,
Berchtesgaden.

Bilder unten:
Altes Bauernhaus in Berchtesgaden um 1937.
Aufnahme: Fotohaus J. Schmid, Berchtesgaden.

Pension Victoria am Gmundberg 1910.
Aufnahme: Hugo Radeck, München.

Der Bergführer „Nockei“ um das Jahr 1938.
Aufnahme: Foto F. G. Zeitz, Königssee.

Wittelsbacher

Eine Ausfahrt der Hofkutsche in der Oberschönau. Aufnahme: Fotohaus J. Schmid, Berchtesgaden.

Bilder linke Seite:
Taufe der Tochter Irmingard Maria Josefa des Kronprinzen Rupprecht in der Stiftskirche zu Berchtesgaden durch Nuntius Pacelli, dem späteren Papst Pius XII.

Ankunft von Kronprinz Rupprecht und Kronprinzessin Antonia. Bürgermeister Anton Zeitler und rechts Bezirksamtmann Baron Feilitsch begrüßten die hohen Gäste am Berchtesgadener Bahnhof.

Rechts Kronprinz Rupprecht mit Kronprinzessin Antonia, seiner zweiten Frau.
Damals wohnten die Königlichen Hoheiten nach ihrer Hochzeit für drei Wochen im Brandholzlehen.

Alle Aufnahmen: Fotohaus J. Schmid, Berchtesgaden.

Das Ehepaar bei einer Brotzeit in St. Bartholomä.
Aufnahme: Fotohaus J. Schmid, Berchtesgaden.

Willhelm von Preussen mit Gemahlin Cäcilie,
Verwandte des Deutschen Kaiserhauses, auf einem
Landauer beim Anlanden in St. Bartholomä.
Aufnahme: Fotohaus J. Schmid, Berchtesgaden.

Kardinal Wendl traute Prinzessin Sophie, jüngste Tochter des Kronprinzen Rupprecht, am 20. Januar 1955 mit dem Herzog Jean Engelbert von Arenberg in der Stiftskirche zu Berchtesgaden.

Rechtes Bild: Erbprinz Herzog Albrecht von Bayern mit Gemahlin.

Die Neffen der Braut; das Brautpaar.

Komplette Fotoserie:
Fotohaus J. Schmid, Berchtesgaden.

Ein großes Aufgebot von Reportern am Schlossplatz berichteten von der nicht alltäglichen Hochzeit.

Die Braut Sophie von Bayern mit ihrem Halbbruder Erbprinz Albrecht von Bayern im Dormitorium des Königlichen Schlosses.

Oben links: Herzog Albrecht mit Gemahlin.

Mitte: 2. von li. Amtsrichter Stephanus, daneben gm. Dr. Stefan Imhof und Landrat Jacob.

Rechts unten: Vorne links Gerhard Walch, rechts Hermann Weiss, dahinter mittig Pfarrer Otto Schüller mit Kaplan Gillhuber, rechts.

Obersalzberg

Fliegeraufnahme um 1934 vom Obersalzberg, der später durch massive Eingriffe der NSDAP-Parteiführung nach und nach gegen den Willen und Widerstand der einheimischen Bevölkerung abgesiedelt wurde. In der Bildmitte bereits Hitlers Berghof. In dieser idyllischen Gegend wurde das trügerische und gefährliche Bild vom „netten Nachbarn Hitler“ durch die damalige Propagandapresse aufgenommen. Aufnahme: Josef Walch, Obersalzberg.

Berchtesgadener Berg Lied

Nach der Melodie: „Die Berge sind meine Heimat!“ von C. Birkhofer

Schön ist die Welt, groß ist die Welt, doch die Heimat, die lieb ich noch mehr,
Nicht um die Welt, nicht um die Welt, gäbe ich diese wohl her.
Kennst du den schönsten Platz der Welt, wo es dir immer gefällt

Refr.: Wir sind treue Söhne der Berge,
von Deutschlands schönstem Gau.
Berchtesgaden, du liebliche Heimat,
der Watzmann raget ins Blau.
Der Winter ist bei uns noch schöner.
er bringt uns viel Eis und Schnee.
Zum Königssee fahr'n wir am Sonntag, juhe,
mit'n Dirndl bis Bartholomä.
Zwoa Brettl'n und a pfundiger Schnee, juhe,
das ist halt mei' höchste Idee.

Nach dunkler Nacht ist Deutschland erwacht, ein Mann hat dies fertiggebracht,
In Sturm u. Gebraus, Adolf Hitler hielt aus, er schützte uns Heimat u. Haus.
Wir halten im ganzen deutschen Land zu Hitler mit Herz und Hand:

Refr.: Wir alle sind nun deutsche Brüder,
wollen einig sein — aufrecht und treu
Nur Freiheit und Gleichheit und Arbeit
macht Deutschland endlich nun frei.
Der Hergott erhalt' uns den Führer
und Deutschland wird nie untergeh'n.
Es lebe der große deutsche Schmied —
wir singen in Treue das Lied:
Wir halten im ganzen deutschen Land
zum Führer mit Herz und mit Hand!

Berchtesgaden, im Mai 1933

WORTE VON SEPP SCHNEIDER BERCHTESGADEN

DAS HEIM DES FÜHRERS

Das zeitgeistgetränkte „Berchtesgadener Berg Lied“ auf einem Holzschnitt von dem bekannten Künstler Fritz Richter, Mai 1933. Die zweite Strophe spiegelt die damalige Situation wider.

Blick auf den Obersalzberg,
im Vordergrund das Mooslehen.
Aufnahme: Foto unbekannt.

Kleine Bilder von oben:
Das Stadlerlehen am Obersalzberg 1947,
damalige Eigentümerin Frau von Alton.
Aufnahme: Foto unbekannt.

Das Berghäusl am Obersalzberg
um 1910. Aufnahme: Foto unbekannt.

Das Ottenlehen um 1920 am Salzberg.
Aufnahme: Rottmayer, Berchtesgaden.

Kleine Bilder von oben:
Die Trinkstube Grafl-Höhe im Sommer 1934 mit dem Hohen Brett im Hintergrund.
Aufnahme: M. Lochner, Berchtesgaden.

Die Scharitzkehlalm um 1937.
Aufnahme: Fotohaus J. Schmid, Berchtesgaden.
Die Naturfreunde-Hütte im Alpeltal um 1917.
Aufnahme: Foto unbekannt.

Pension Alpenglühen an der Salzbergstraße um 1910.
Aufnahme: Foto unbekannt.

Café Hochlenzer 1907.

Rückseite der Hochlenzer-Karte.
Aufnahme: Foto unbekannt.

Weitblick von der Terrasse beim Café Hochlenzer um 1932.
Aufnahme: M. Lochner, Berchtesgaden.

Die Pension Steiner um 1930 mit Bewirtschaftung; links das Wesenheim. Aufnahme: Fotohaus J. Schmid, Berchtesgaden.

Das Landhaus Lochner, vormals Baumgartenmühle. Aufnahme: Fotohaus J. Schmid, Berchtesgaden.

Das Oberwurf Emererlehen am Obersalzberg um 1920. Aufnahme: C. Jurischek, Salzburg.

Café Restaurant Steiner 1940. Aufnahme: Foto unbekannt.

Der Speisesaal des Alpengasthof Steiner. Aufnahme: Foto unbekannt.

Rodelpartie beim Gasthof Steiner im Winter 1909. Aufnahme: Foto unbekannt.

Der Lieferwagen des Alpengasthof Steiner. Aufnahme: Foto unbekannt.

Das Hotel Antenberg 1937, erbaut von Ritter Carl von Linde. Aufnahme: Foto F. G. Zeitz, Königssee.

Das Hotel Antenberg um 1932. Aufnahme: A. G. Schöllhorn, München.

Villa Regina am Obersalzberg, späteres Kindersanatorium Seitz. Vorderseite einer wunderschönen Postkarte um 1900. Aufnahme: Foto unbekannt.

Rückseite der Postkarte.

Die Pension Buchenheim um 1913 am Obersalzberg. Aufnahme: Kalophot, München.

Beide Aufnahmen: Hotel Türken im Winter 1912. Aufnahme: Foto unbekannt.

Blick auf das Hotel Türken mit dem Purtschellerhaus im Hintergrund um 1931. Aufnahme: H. Huber.

Die Terrasse des Hotels Türken mit dem herrlichen Weitblick auf die umliegenden Berge um 1935. Aufnahme: Foto unbekannt.

Die Besitzer: links Maria und rechts Karl Schuster mit zwei Angestellten. Aufnahme: Foto unbekannt.

Haus Wachenfeld 1934.
Aufnahme: Photo Hoffmann, München.

Auf der Adolf-Hitler-Höhe (Eckerbichl) um 1938.
Heute steht hier das Interconti Mountain Resort Hotel.
Aufnahme: Hans Huber.

Kleine Ansichtskarten Seite 96:
Das Vordereck um 1925.
Aufnahme: J. Kuglers, München.

Unten rechts: Im Vordergrund das Bodnerlehen, links oberhalb Villa Seitz, mittig Forsthaus Vordereck und rechts das Kindersanatorium Seitz um 1929.

Oben links und unten:
Das Gasthaus Hintereck, 950 m um 1920.
Aufnahme: Fotohaus J. Schmid, Berchtesgaden.

Kapelle Maria Hilf mit Kindersanatorium Seitz 1936. Aufnahme: Foto unbekannt.

Der Obersalzberg um 1930. Aufnahme: A. G. Schöllhorn, München.

Pension Villa Regina, 970 m, am Obersalzberg um 1915. Aufnahme: Ottmar Zieher, München.

Villa Eckerbrunn mit Lebensmittelgeschäft 1929. Aufnahme: H. Pernat, Müchen.

Eine Kantinenköchin mit ihrem Einkaufslaster am Obersalzberg.
Aufnahme: Foto unbekannt.

Am Antenbergfeld beim Neubau des Gutshofes.
Aufnahme: Foto unbekannt.

Das Georg-Arnhold-Klubheim am Obersalzberg 1925, später Parteigästehaus und heute die Dokumentation Obersalzberg.
Aufnahme: Foto unbekannt.

Die Theaterhalle am Obersalzberg 1939 mit dem Watzmann im Hintergrund. Aufnahme: M. Lochner, Berchtesgaden.

Die Theaterhalle um 1939. Aufnahme: Fotohaus J. Schmid, Berchtesgaden.

Der alte Platterhof vor seinem Umbau um 1934. Aufnahme: Foto unbekannt.

Das Gebirgs-Kurhaus am Obersalzberg um 1925. Aufnahme: Grainer, Berchtesgaden.

Die Pension Moritz im Sommer 1898. Aufnahme: J. B. Obernetter, München.

Pension Moritz 1906. Aufnahme: J. B. Obernetter, München.

Der Platterhof um 1940 nach seinem Umbau. Aufnahme: Foto unbekannt.

Ein Raupenschlepperauto beim Eckersattel um 19
Aufnahme: Foto L. Ammon, Schönau.

Darüber: Die Enzianhütte am Ofnerboden um 19
Aufnahme: Anton Hafner, Piding.

HITLER-HAUS VOR DEM KRIEG. HITLER'S-HOUSE BEFORE THE WAR

KEHLSTEINHAUS (1864 m). TEA-HOUSE (EAGLE'S-NEST)

Obersalzberg

GÖRING-HAUS, GOERING-HOUSE

SEILBAHN ZUM OBERSALZBERG, CABLE-CAR

TEILANSICHT, A PART OF THE OBERSALZBERG

Ansichtskarte vom Obersalzberg 1956. Aufnahme: Foto unbekannt.

Sport - Obersalzbergrennen

Eindrücke vom Salzbergrennen 1925, alle Aufnahmen privat.

Der Kradfahrer nach dem Rothenbichllehen.

Rechte Seite oben:
An der Baumgartenmühle.

Rechts unten:
Der „Bachei-Toni" mit seinem Motorrad.

IIB-149

Das Salzbergrennen wurde von 1925 bis 1928 auf einer staubigen Sandstraße durchgeführt. Der Start war an der Schießstättbrücke, das Ziel gegenüber vom Hotel Türken. Die Streckenlänge betrug 3,4 km, die maximale Steigung 24 %. Rennsportidole wie Hans Stuck und Rudolf Caracciola zogen Zuschauerströme an. Ausgetragen wurden Ehrenpreise, gestiftet von Kronprinzessin Antonie von Bayern, Kronprinz Rupprecht von Bayern, Wilhelm von Preußen oder Erbprinz Albert von Bayern.

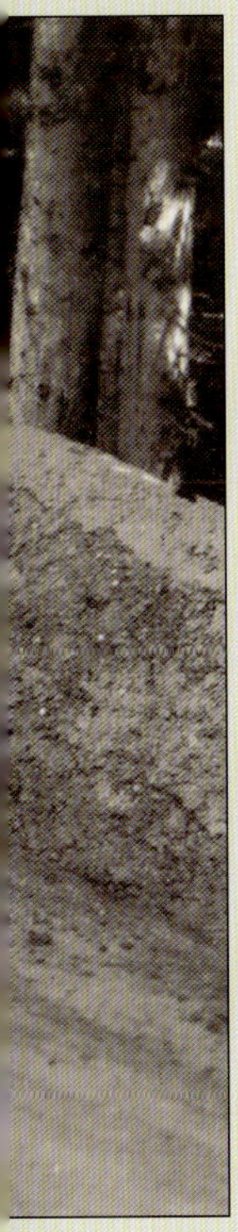

Purtschellerhaus

der Sektion Sonneberg des D. u. Ö. A.-V. auf dem **Eckerfirst** (1770 m) **am Hohen Göll.**

Von Berchtesgaden über Vordereck-Eckersattel 3½—4 St. **Bewirtschaftet von Juni bis Oktober. 1910 bedeutend vergrössert. — 29 Betten und 14 Matratzenlager. — Herrlicher, äusserst lohnender Ausflug.** Ausgangspunkt für Besteigung des Hohen Göll (2519 m) 2½—3 Stunden, mit Uebergang zum Hohen Brett. — Abstieg über Brand nach Berchtesgaden, bzw. vom Torrenerjoch nach Golling oder Königssee (vgl. Tour 63 u. 196).

Wirtschafter:
Carl Schuster, Bergführer.

Sektion Sonneberg
D. u. Ö. A.-V.

M. Lederer - Neff

vis-à-vis dem Postpark

Spezialität:

Schweizer Stickerei.

Auch fertige Blusen, Damenwäsche, Klöppel- u. Valenciennes-Spitzen.

Inserate von 1910.

Der bekannte Kunstflieger L. Gaim auf dem Prototyp eines muskelbetriebenen Gefährts, das nie in Serie ging. Er verunglückte 1925 bei einem Flugzeugabsturz. Aufnahme: Foto unbekannt.

Historische Ansichtskarten Band 2

mit folgenden Themen:

Ramsau
Bergaufnahmen
Tracht
Fasching
Palmtragen
GTEV Edelweißer
Hochwasser
Nikolaus
Bischofswiesen
Winkl
Loipl
Stanggaß
Strub
Königssee
Schönau
Wintersport

Verlag Anton Plenk · 83471 Berchtesgaden · Koch-Sternfeld-Straße 5
Tel. 08652-4474 · Fax 66277 · E-Mail plenk-verlag@t-online.de

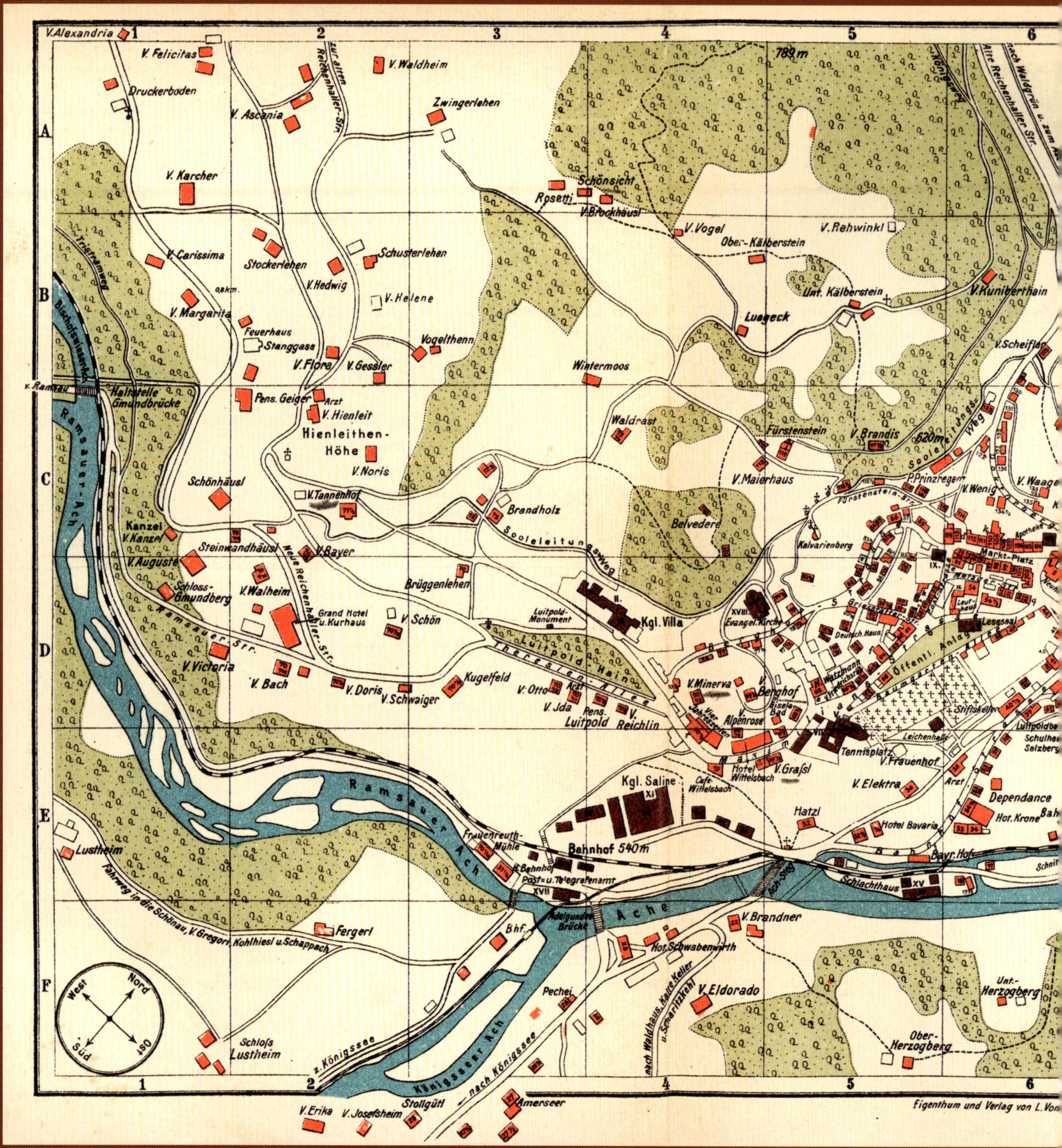

V. Alexandria
V. Felicitas
Druckerboden
V. Ascania
V. Waldheim
Zwingerlehen
V. Karcher
Schönsicht
Rosetti
V. Brockhäusl
V. Vogel
Ober-Kälberstein
V. Rehwinkl
789 m
V. Carissima
Stockerlehen
Schusterlehen
V. Hedwig
V. Helene
V. Margarita
Feuerhaus
Stanggass
V. Flora
V. Gessler
Vogelthenn
Wintermoos
Luegeck
Unt. Kälberstein
V. Kunigundenhain
Haltstelle Gmundbrücke
Pens. Geiger
Arzt
V. Hienleit
Hienleithen-Höhe
V. Noris
Waldrast
Fürstenstein
V. Brandis
620 m
Soole Leitungs Weg
Schönhäusl
V. Tannenhof
Brandholz
V. Maierhaus
Kalvarienberg
Belvedere
Kanzel
V. Kanzel
V. Auguste
Steinwandhäusl
V. Bayer
Soolenleitungsweg
Brüggenlehen
Schloss-Gmundberg
V. Walheim
Grand Hotel u. Kurhaus
V. Schön
Luitpold-Monument
Kgl. Villa
Evangel. Kirche
Markt-Platz
Lesesaal
Ramsauer Str.
Neue Reichenhaller Str.
Theresien-Allee
Luitpold Hain
V. Victoria
V. Bach
V. Doris
V. Schwaiger
Kugelfeld
V. Otto
V. Jda
Pens. Luitpold
V. Reichlin
V. Minerva
Vier Jahreszeiten
Alpenrose
V. Berghof
Öffentl. Anlagen
Stiftskeller
Tennisplatz
V. Frauenhof
Hotel Wittelsbach
V. Grassl
V. Elektra
Kgl. Saline
Cafe Wittelsbach
Dependance
Hot. Krone
Hatzl
Hotel Bavaria
Ramsauer Ach
Frauenreuth-Mühle
Bahnhof 540 m
Post- u. Telegrafenamt
Bayr. Hof
Schlachthaus
Lustheim
Fahrweg in die Schönau, V. Gregor, Kohlhiesl u. Schappach
Fergerl
Adelgunden Brücke
Ache
V. Brandner
Hot. Schwabenwirth
Bhf.
Pechei
V. Eldorado
Unt.-Herzogberg
Ober-Herzogberg
Schloss Lustheim
z. Königssee
Königsseer Ach
nach Königssee
nach Waldhaus, Kaiser Keller u. Scharitzkehl
West
Nord
Süd
Ost
V. Erika
V. Josefsheim
Stollgütl
Amerseer
Eigenthum und Verlag von L. Von